AF596427

LIBERTÉ
ÉGALITÉ
FRATERNITÉ
BIBLIOTHÈQUE MAÇONNIQUE
DE ROBERT YVE-PLESSIS

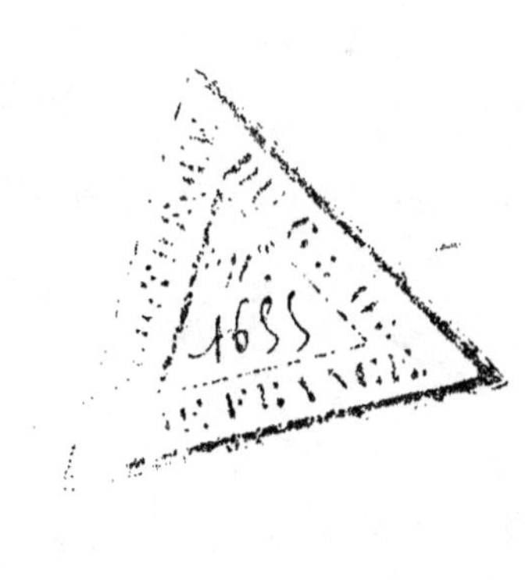

A.·. L.·. G.·. D.·. G.·. A.·. D.·. L'U.·.

Et sous les auspices du G.·. O.·. d'Haiti.

TABLEAU

Des Officiers et Membres de la R.·. L.·. de S.·. J.·. de J.·., régulièrement constituée par le G.·. O.·. d'Haïti, à l'O.·. de Saint-Marc, sous le titre distinctif de

La Vraie Gloire, N.° 7,

A l'époque du 24.e jour du 4.e mois 5836.

Unum Dominum..... ergo unum Templum.

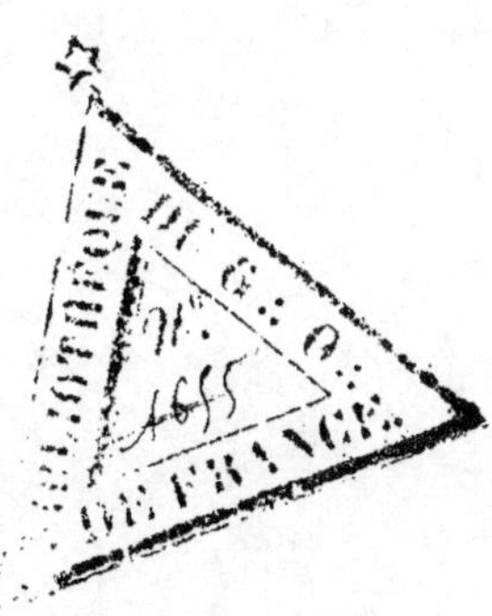

IMPRIMÉ AU PORT-AU-PRINCE;

PAR LE F.·. PINARD. -- 1836.

TABLEAU

Des Officiers et Membres de la R.·. L.·. de S.·. J.·. de J.·., régulierement constituée par le G.·. O.·. d'Haïti, à l'O.·. de Saint-Marc, sous le titre distinctif de LA VRAIE GLOIRE, No. 7.

GRAND PROTECTEUR DE L'ORDRE.

Le T.·. Ill.·. F.·. Jean-Pierre BOYER, Président d'Haïti, né au Port-au-Prince, R.·. A.·. R.·. †.·. Ch.·. T.·. K.·.

GRAND-MAITRE.

Joseph-Balthazar Inginac, Général de brigade, Secrétaire-Général près S. Ex. le Président d'Haïti, né à Léogane, âgé de 62 ans, R.·. A.·. R.·. †.·. Ch.·. T.·. K.·.

DÉPUTÉ GRAND-MAITRE.

Alexis-Beaubrun Ardouin, Sénateur, né au Petit-Trou, âgé de 39 ans, R.·. A.·. R.·. †.·. Ch.·. T.·. K.·.

OFFICIERS DIGNITAIRES.

Vénérable (2.e élection).

Charles-Alexandre-Edmond Bonnet, Lieutenant du Génie, né au Port au-Prince, âgé de 31 ans, C.·. K.·. H.·., 30.e degré du rit écossais ancien et accepté, Membre du G.·. O.·.

Ex-Vénérable.

Guy-Joseph Bonnet, Général de division, commandant l'arrondissement de St.-Marc, né à Léogane, âgé de 63 ans, S.·. G.·. I.·. G.·., 33.e degré du rit écossais ancien et accepté, Membre du G.·. O.·., *Installateur.*

Premier Surveillant (2.e élection).

Antoine-Jean CONSTANTIN, Lieutenant d'artillerie, né à St.-Marc, âgé de 38 ans, R.·. A.·. R.·. †.·. Ch.·. T.·. K.·.

Second Surveillant (2.e élection).

Clair-Pascal-Firmin BOURNAC, Notaire, né à St.-Marc, âgé de 35 ans, R.·. A.·. R.·. †.·. Ch.·. T.·. K.·.

Orateur.

Jacques-François-Louis LEGENDRE, Chef d'escadron, Aide-de-Camp du Général de division Bonnet, né aux Cayes, âgé de 51 ans, R.·. A.·. R.·. †.·. Ch.·. T.·. K.·., *ex-Surveillant, Installateur adjoint.*

Trésorier (2.e élection).

Jean-Philippe JOSEPH, Trésorier de l'arrondissement de St.-Marc, né audit lieu, âgé de 48 ans, M.·.

Secrétaire, Garde des Sceaux et Archives.

Joseph-Eugène BONNET fils, Arpenteur public, né à Kingston (Jamaïque), âgé de 35 ans, M.·.

Architecte (3.e élection).

Louis-René BONIFACE, Capitaine-Instructeur au 6.e régiment d'infanterie, né à St.-Marc, âgé de 56 ans, M.·.

Premier Diacre (4.e élection).

Guillaume VAILLANT, Colonel du 6.e régiment d'infanterie, né à la Petite-Rivière de l'Artibonite, âgé de 62 ans, R.·. A.·. R.·. †.·. Ch.·. T.·. K.·.

Second Diacre.

Jean-Charles BARTHÉLEMY, Colonel du 5.e régiment d'infanterie, né à St.-Marc, âgé de 56 ans, R.·. A.·., *fondateur.*

Maître des Cérémonies.

Merville DÉSISNARD, Membre du Conseil des Notables de St.-Marc, né audit lieu, âgé de 34 ans, R.·. A.·. R.·. †.·. Ch.·. T.·. K.·.

Garde du Temple.

Guillaume TOUSSAINT, Capitaine de la police rurale, né à St.-Marc, âgé de 47 ans, M.·.

Aumônier-Hospitalier (2.e élection).

Manuel MORILLAS, Commerçant, né à la Havane, âgé de 68 ans, M.·., Membre du G.·. O.·.

Directeur des Banquets (4.e élection).

ADAM, Propriétaire, né à la Petite-Rivière de l'Artibonite, âgé de 57 ans, M.·.

ADJOINTS AUX DIGNITAIRES.

A l'Orateur.

Benoît-Joseph BATRAVILLE, Administrateur Particulier de l'arrondissement de St.-Marc, né audit lieu, âgé de 52 ans, R.·. A.·. R.·. †.·. Ch.·. T.·. K.·., *fondateur.*

Au Trésorier.

Jacques-Louis JEAN-JACQUES, Chef de bataillon au 5.e régiment d'infanterie, né à l'Artibonite, âgé de 53 ans, R.·. A.·., *ex-Surveillant.*

Au Secrétaire.

Samuel DAWSON, Commerçant, né au Port-au-Prince, âgé de 26 ans, M.·.

Au Maître des Cérémonies.

Georges-Mortumer DOUYON, Marchand, né à Pestel, âgé de 29 ans, R.·. A.·.

Au Directeur des Banquets.

Paul **Duclos**, Marchand, né à Léogane, âgé de 44 ans, M∴

MEMBRES HONORAIRES.

A. **Bouchereau**, Membre du Corps Législatif, né à Saint-Marc, âgé de 54 ans, R∴ A∴ R∴ †∴ Ch∴ T∴ K∴, *Installateur.*

Louis **Dufresne**, Capitaine d'artillerie, né au Port-au-Prince, âgé de 43 ans, R∴ A∴ R∴ †∴ Ch∴ T∴ K∴, *Installateur.*

Charles **Desbrosses**, Commerçant, né à St.-Marc, âgé de 46 ans, M∴, *Installateur.*

MEMBRES ACTIFS.

Augustin **Rossignol**, Propriétaire, né à la Petite-Rivière de l'Artibonite, âgé de 58 ans, R∴ A∴ R∴ †∴ Ch∴ T∴ K∴, Membre du G∴ O∴, *ex-Vénérable . fondateur.*

Arthur-Nicolas **Vernard**, Officier de l'Etat Civil de la commune de St.-Marc, né à New-York (Etats-Unis d'Amérique), âgé de 35 ans, R∴ A∴ R∴ †∴ Ch∴ T∴ K∴

Jean-Marie **Baptiste**, Chef d'escadron de la gendarmerie de l'Ouest, né à l'Artibonite, âgé de 48 ans, R∴ A∴, *ex-Diacre.*

Anne-Victor **Dias**, Arpenteur, né au Port-au-Prince, âgé de 44 ans, M∴

Jean **Sterling**, Arpenteur public, né à St.-Yago de Cuba, âgé de 32 ans, M∴

Etienne **Pierre**, Capitaine-Instructeur au 2.e régiment de cavalerie, né à l'Artibonite, âgé de 41 ans, M∴

Sully **Adrien**, Suppléant du Juge de Paix, né à St.-Marc, âgé de 35 ans, M∴

Damus-Jacques **Louis**, Juge de Paix de la commune de St.-Marc, né aux Gonaïves, âgé de 52 ans, M∴, *ex-Trés∴*

Remy **Jeantel**, Chef de bataillon au 6.e régiment d'infanterie, né à St.-Marc, âgé de 51 ans, M∴, *ex-Hospitalier.*

Jacques **Bigaille**, Colonel, commandant la place de Saint-

Marc, né à la Petite-Rivière de l'Artibonite, âgé de 58 ans, M.·.

Chéri ALCINDOR, Préposé d'Administration des Verrettes, né à Jérémie, âgé de ans, M.·.

Saint-Louis GRAND-PIERRE, Capitaine de la police rurale, né à la Petite-Rivière, âgé de 44 ans, M.·.

Henrice HENRY, Lieutenant, Aide-de-Camp du Général de division Bonnet, né aux Gonaïves, âgé de 42 ans, M.·.

Pierre VALÈRE, Capitaine au 2.e régiment, né à la Petite-Rivière de l'Artibonite, âgé de ans, M.·.

Jean FOUCHÉ aîné, Secrétaire de l'arsenal, né à Saint-Marc, âgé de 37 ans, M.·.

Philibert-Théodore DURAND, Commerçant, né à Paris, âgé de 31 ans, M.·.

Louis DESCOME, Commerçant, né au Port-au-Prince, âgé de 32 ans, Comp.·.

Stephen DAWSON, Commerçant, né au Port-au-Prince, âgé de 24 ans, App.·.

FRÈRES SERVANS.

Sylvestre MICHEL, Charpentier, né à Saint-Marc, âgé de 50 ans, App.·.

Georges GILLES, Artiste, âgé de ans, App.·.

COLONNE FUNÉRAIRE.

Pierre LAMOTHE, décédé Joailler à Saint-Marc, R.·. A.·., *ex-Surveillant.*

Joseph RUIS, natif de Cadix, Commerçant à St.-Marc, décédé M.·.

Jean-Baptiste PINSON, natif de Saint-Marc, décédé Instituteur, R.·. A.·. R.·. †.·., *ex-Vénérable.*

Pierre-Joseph STERLING, décédé à Saint-Marc, M.·.

Charles PETAVIN, Commerçant, décédé à St.-Marc, M.·., *ex-Garde du Temple.*

Eugène BONNEAU, décédé Suppléant du Juge de Paix de Saint-Marc, M.·.

TRAVAUX D'OBLIGATION.

La R.·. L.·. s'assemble tous les 1.er et 3.e dimanches de chaque mois, maison des héritiers Renaud, à Saint-Marc.

ADRESSE DE LA R.·. L.·.

Au Lieutenant Edmond BONNET, du Génie, à St.-Marc.
(*Croisez l'adresse*).

Vu par nous Vénérable titulaire,

Par Mandement de la R.·. L.·. :

Le Secrétaire, Garde des Sceaux et Archives,

HONNEURS FUNÈBRES

RENDUS A LA MÉMOIRE

Du T.·. Ill.·. F.·. Jacques-Ignace Fresnel,

DANS LA TENUE DE COMMÉMORATION DES FF.·. DÉCÉDÉS.

(25 Juin 1836.)

Au tour du monument élevé dans la salle funéraire, étaient dispersés les outils de la maçonnerie. Au nord, étaient placés les attributs de la justice : au midi, une colonne de l'ordre corinthien renversée : à l'ouest, un squelette à genoux, soutenant un étendard de Templier, portant cette inscription : « *Spes in Deo* » ; à l'est, un écusson, un casque, une épée croisée avec son fourreau, la pointe contre terre.

Le Vénérable ouvre les travaux d'après le rituel du G.·. O.·. d'Haïti.

Après cette strophe :

> Malheureux l'homme qui fonde
> L'avenir sur le présent,
> . . . .
> . . . .
> Nous naissons tous faibles hommes
> Tributaires des douleurs.

Une pause, un coup de maillet.

Le Vénérable :

Mes FF.·.,

Ce cénotaphe qui s'élève au milieu de ce temple, le deuil qui couvre ces murs, ces flammes vacillantes, ce bouclier, ce casque, ces armures gisant sur la poussière, et cet étendard recouvert d'un crêpe sinistre, tout vous annonce que, dans cette cérémonie funèbre, nous avons à déplorer une perte irréparable !

Une lumière éclatante s'est éteinte à l'O∴......

(Trois coups sur un tam-tam.)

Le F∴ Fresnel n'est plus !

Une pause, un coup de maillet.

Le F∴ 1.er Surveillant :

La mort a moissonné un Vén∴ plein de zèle, qui avait donné des jours prospères à l'amitié : notre loge a perdu le Grand-Maître Provincial qui l'avait constitué ; notre ordre, un des fondateurs de la maçonnerie régulière en Haïti.

Tant de titres divers ont buriné son nom en lettres ineffaçables sur nos tablettes.

(Trois coups sur un tam-tam.)

Hélas ! il n'est plus !

(Une pause, un coup de maillet.)

Le F∴ 2.d Surveillant :

Ombre sacrée, sur les bords de l'Achéron, le nautonnier fidèle, en te voyant apparaître, n'aura pas réclamé le prix de son passage. Arrivé devant le trône de l'Éternelle Justice, si cette espérance consolante que tu mettais sans cesse en ton Créateur *, n'avait pu seule recommander ta vertu, les balances de Thémis, qui toujours en tes mains pures avaient maintenu leur parfaite égalité, serviraient à te faire admettre dans l'Élysée.

(Trois coups sur un tam-tam.)

Hélas ! il n'est plus !

(Harmonie lente.)

---

* « *Spes in Deo* » était la devise que le F∴ portait sur son écusson.

Le Vénérable :

Vanités humaines que devenez-vous, quand la Mort impitoyable étend sur nous son bras terrible !

F.·. Fresnel, où es-tu ?...

(Trois coups sur un tam-tam.)

Le Vénérable soulève un flambeau, et dit :

Dans la nuit éternelle il s'est endormi pour toujours. Comme cette flamme un souffle l'a éteint et réduit au néant !

(Harmonie lente.)

Mes frères !....... calmez votre amère douleur,

L'espérance consolante, etc.

. . . .

Le Vénérable continue :

La mort n'est qu'un passage, etc.

. . . .

. . . .

La mort même a ses douceurs.

(Harmonie lente.)

Le Vénérable frappe un coup de maillet.

FF.·. 1.er et 2.d Surveillans, unissez vos efforts aux miens pour rendre les derniers honneurs aux mânes de notre Vén.·. G.·.-M.·..

Le Vén.·. et les Surv.·. avancent vers le sarcophage, et viennent le rencontrer à l'est.

Le F.·. Maître des Cérémonies présente successivement au Vénérable les vases aux ablutions.

Le Vénérable :

Ombre chérie, daigne agréer le tribut de nos offrandes comme une marque précieuse de respect et d'admiration !

Je t'offre

L'Eau que la nature renouvelle sans cesse et qui, tendant toujours à se dépouiller de toute souillure, est l'emblême de la pureté.

(Suivi des Surveillans, il contourne le cénotaphe, et répand l'eau par trois fois sur une cassolette enflammée placée à l'occident près du squelette.)

Je t'offre

Le Vin que l'homme a dérobé aux végétaux, et qui est l'emblême de la force.

(Il contourne comme ci-dessus.)

Je t'offre

Le Lait, première nourriture des humains et symbole de la candeur et de la franchise.

(Il contourne comme ci-dessus ; revenu à son point de départ, il s'écrie :)

Souverain Arbitre du monde, point géométrique de toute perfection, ô toi dont la puissance a mis un terme à la vie de l'homme ici bas, puisse la fumée de cet assemblage que la flamme vient de dévorer, s'élever jusqu'aux pieds de ta munificence, et te porter nos vœux ardens pour le repos, la paix et la félicité de l'âme du T.·. Ill.·. et T.·. R.·. F.·. Jacques-Ignace Fresnel !

(L'harmonie se fait entendre.)

Le Vénérable, de retour à l'O.·., frappe un coup de maillet et s'exprime en ces termes :

Mes FF.·.,

Un cri plaintif a retenti dans nos vallées, les ouvriers l'œil humide, le cœur contristé, ont répété avec amertume, Fresnel n'est plus !

La tombe s'est refermée sur ses restes inanimés, et il était réservé à ma faible voix de rappeler sous ces voutes lugubres la vie et les travaux du premier Grand-Maître des Loges d'Haïti !

Jacques-Ignace Fresnel naquit à Léogane, le 10 Avril 1758.

Officier municipal dès l'aurore de la révolution, il assista dans cette fonction aux préludes du drame terrible qui porta le coup mortel à l'esclavage colonial.

Commissaire impérial, alors que des maçons généreux se réunirent pour rallumer au sein de la patrie le feu de l'union fraternelle, il chercha dans l'initiation la connaissance des mystères sacrés, et les portes de *l'Amitié* s'abaissèrent devant lui.

Sous la Constituante, il partagea les travaux glorieux de cette assemblée célèbre qui fonda la République ; et depuis, soit qu'il siégeât au Sénat en 1806, soit qu'il siégeât au tribunal suprême * que l'immortel PÉTION venait de créer, il ne cessa de consacrer une partie de son temps à l'étude de la philosophie et de la morale.

Il associa son nom aux noms des FF∴ qui se réunirent pour demander une constitution régulière à la Grande Loge Unie d'Angleterre ; heureux d'être un des anneaux de la chaine mystique quit dut lier les maçons haïtiens aux maçons de l'univers.

Indulgent et modéré dans ses opinions, sans vanité comme sans ambition, il était doué d'une fermeté rare contre laquelle venait se briser les ressorts de l'intrigue. Insinuant dans ses discours que toujours la raison éclairait : avec la connaissance parfaite des hommes, sachant prévoir les inconvéniens d'une décision intempestive, il devait naturellement être appelé à gouverner la loge qui lui avait donné la lumière ; bientôt Vénérable de *l'Amitié des FF∴ réunis*, M∴ Z∴ du Chap∴ de la *Philantropie*, Em∴ Com∴ du Camp∴ des Chev∴ de la *Réunion Désirée*, il sut partout maintenir l'ordre, la régularité et faire chérir les travaux.

Vous tous qui avez entendu cette voix éloquente retentir à l'O∴, ne vous rappelez-vous point, mes FF∴, ce visage tranquille, cette douceur exquise qui présidait aux délibérations, cette affabilité consolatrice pour le malheur ; ne vous rappelez-vous point ces colonnes resplendissantes où la foule, amenée par la confiance, se pressait au travail ! Tristes souvenirs, vains regrets, Fresnel n'est plus ! Il avait obtenu cette palme qui dans nos at∴ se décerne au mérite ; le suffrage de ses

---

* Tribunal de cassation.

FF.·. l'avait recommandé au loin ; aussi, le 9 octobre 5817, le Grand-Maître de la Prov.·., le T.·. Ill.·. F.·. John Goff, le choisit pour son Député près des LL.·. et Chap.·. de sa juridiction. En novembre 5818, il reçut les réglemens généraux de la Grande Loge Unie ; et en vertu de ces réglemens, il convoqua, en mai 5818, une Grande Loge Prov.·.. Déjà l'initiation avait étendu ses rameaux, on commençait à sentir le besoin d'une communication plus facile avec le centre directeur : la R.·. L.·. la *Réunion des Cœurs*, séante à l'O.·. de Jérémie, fit la première entendre ses doléances, et demanda la création d'un G.·. O.·. en Haïti.

Affranchi des passions qui souvent nous égarent, Fresnel voulut laisser au temps consommer cette œuvre indispensable. La sagesse ne permettait point encore de se détacher de la Grande Loge Unie d'Angleterre : *nous devons*, disait-il, *préférer l'état certain de maçons réguliers a celui d'une indépendance qui pourrait nous jeter dans une sorte d'irrégularité ou de méconnaissance de la part des GG.·. OO.·. étrangers* *. Sa voix fut d'abord entendue, ou goûta les conseils de sa prudence ; mais les relations devenant de plus en plus négligées, la Grande Loge Unie paraissant avoir suspendu sa correspondance avec les LL.·. d'Haïti, les doléances s'élevèrent dans le sein même de la Grande Loge Prov.·. : Fresnel céda à la volonté de ses FF.·.. Le 20 avril 5823, une planche, sortie des burins de son architecture, provoqua pour le 25 mai, une réunion générale de toutes les Loges d'Haïti. Dans cette tenue, la Province se déclara indépendante, et le G.·. O.·. fut créé.

Une ère nouvelle s'ouvrait pour les maçons d'Haïti : Albion n'était plus le phare élevé qui dût nous éloigner de écueils ; les conseils de la sagesse, les leçons d'une longue expérience ne devaient plus sortir d'une nation généreuse et éclairée, dont les institutions, le caractère, les mœurs, l'intrépidité et la philantropie tendaient à répandre la lumière sur les confins du globe. Désormais les connaissances les plus sublimes devaient nous être familières, nous venions de contracter l'obligation, en-

---

* Extrait de sa planche du 9 janvier 1819, à la R.·. L.·. la Réunion des Cœurs, O.·. de Jérémie.

face de toutes les PP.·. maçon.·., de faire une étude approfondie des mysteres, afin de rester fidèles aux principes, à la règle et au but de l'initiation. Fille de la charité, elle avait pris naissance du jour que l'homme avait reconnu son impuissance et son néant : fille de la tolérance, du jour que la force brutale, guidée par l'injustice, voulut soumettre le faible à sa volonté terrible : elle avait ouvert ses temples pour enseigner aux mortels que la liberté était le premier appanage de l'homme, l'égalité son premier droit, et que, dans les circonstances difficiles d'une vie pénible et laborieuse, le F.·. devait à son F.·. amitié, secours et protection, sans chercher à l'avilir, sans chercher à le dominer.

Fresnel n'ignorait point la tâche immense qu'on s'imposait; installé, le 25 janvier 5824, Grand-Maître du G.·. O.·. d'Haïti, il employa son influence à diriger les esprits vers la concorde, la paix, l'union, la bienveillance et l'amitié. Toute sa sollicitude gisait dans ce point important pour lui, d'assurer toujours, par une réciprocité d'égards et par la régularité de ses travaux, ses relations d'estime et de convenance avec les Grandes Loges étrangères. Jusqu'en 5826, il présida le G.·. O.·. avec zele et constance : mais l'âge commençant à s'appesantir sur un corps que des infirmités, des malheurs récens et, plus encore, des soucis avaient déjà affaibli, il invita ses FF.·. à fixer, pour 5827, leur choix sur un autre F.·., et, dès-lors, ne prit aucune part aux travaux du G.·. O.·.

Sa carrière maçonnique était terminée; sa carrière civile durait encore. Après la mort du Grand-Juge Sabourin, appelé par les instances du chef illustre qui préside aux destinées de la Patrie, à se placer à la tête de la magistrature, il abandonnait aussi, à la même époque, cette carrière glorieuse pour lui, lorsque le sénat le rappela dans son sein. Mais bientôt les infirmités s'accrurent, les chagrins mêlèrent leur amertume à ses souffrances : relégué dans l'intérieur de sa maison où la mort venait de moissonner ce qu'il avait de plus cher, il attendait avec résignation la fin de sa vie, comme le mercenaire la fin désirée de sa journée et de son travail.

Fresnel, l'éternité vient de se dérouler devant toi; tes FF.·. se sont en foule pressés au tour de ton char funèbre, en témoignage de leurs respects : et dans ce temple où la vertu ne peut être oubliée, on évoque aujourd'hui tes mânes. Ombre sacrée de notre F.·., assis auprès de l'Eternel, reçois nos derniers hommages ; puisse-tu, dans le céleste séjour, trouver pour héritage honneur et gloire !

Le F.·. Orateur prononce un discours analogue à la cérémonie du jour.

On procède à la cérémonie des parfums : pendant cette cérémonie, le F.·. Legendre chante le *de profundis* aux accords de la musique : puis on se réunit au tour du sarcophage : le Vénérable prononce par trois fois un adieu aux mânes de notre Resp.·. G.·.-M.·., et l'assemblée se retire en silence.

www.ingramcontent.com/pod-product-compliance
Lightning Source LLC
LaVergne TN
LVHW052034160826
845678LV00003B/1332

* 9 7 8 2 3 2 9 6 3 9 5 3 6 *